Impressum
Verlag: BABADADA GmbH, Nedderfeld 112 , 22529 Hamburg
Geschäftsführer / Verlagsleitung: Harald Hof
Druck: Books on Demand GmbH, In de Tarpen 42, 22848 Norderstedt

Imprint
Publisher: BABADADA GmbH, Nedderfeld 112 , 22529 Hamburg, Germany
Managing Director / Publishing direction: Harald Hof
Print: Books on Demand GmbH, In de Tarpen 42, 22848 Norderstedt

shule

мактаб

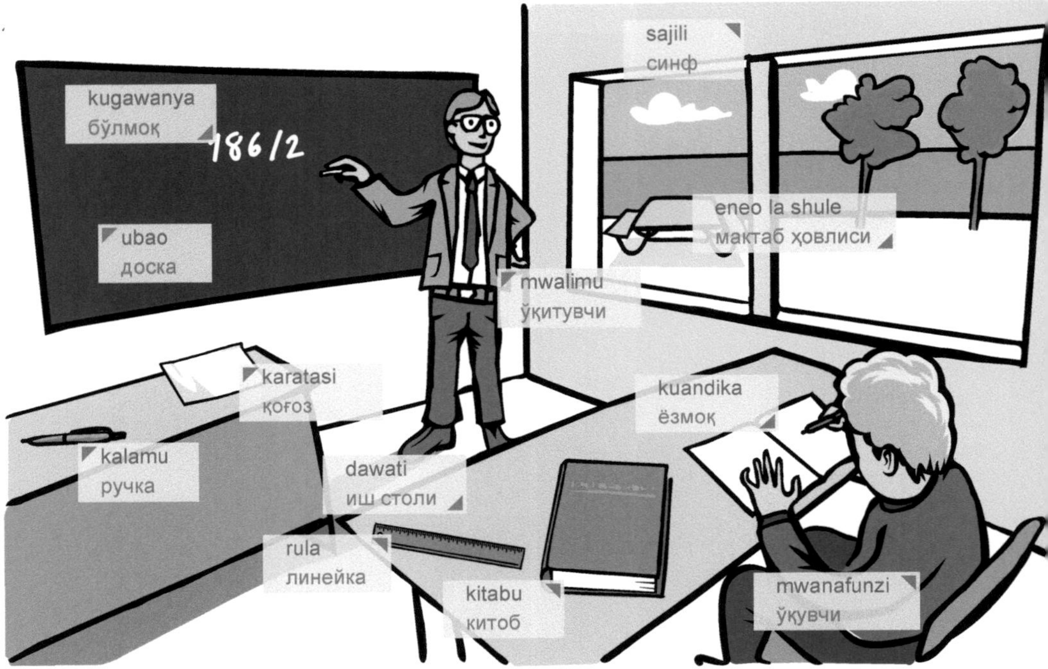

sajili
синф
kugawanya
бўлмоқ
186/2
ubao
доска
eneo la shule
мактаб ҳовлиси
mwalimu
ўқитувчи
karatasi
қоғоз
kuandika
ёзмоқ
kalamu
ручка
dawati
иш столи
rula
линейка
kitabu
китоб
mwanafunzi
ўқувчи

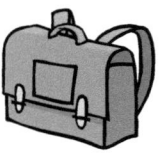

mkoba

осма сумка

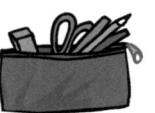

kikasha cha penseli

қаламдон

penseli

қалам

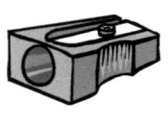

kichonga penseli

қалам учлагич

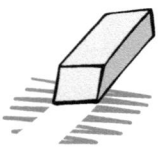

mpira

ўчиргич

pedi ya kuchora

расм албоми

uchoraji

чизмачилик

brashi ya rangi

бӯёқ чӯтка

sanduku la rangi

бӯёқдон

mkasi

қайчи

gundi

елим

daftari

машғулот дафтари

kazi ya nyumbani

уй иши

nambari

рақам

jumlisha

қӯшмоқ

ondoa

айирмоқ

zidisha

кӯпайтирмоқ

kokotoa

ҳисобламоқ

barua

хат

alfabeti

алифбо

neno

сӯз

maandishi

матн

kusoma

ўқимоқ

chaki

бўр

somo

дарс

sajili

журнал

uchunguzi

имтиҳон

cheti

гувоҳнома

sare za shule

мактаб формаси

elimu

таълим

elezo

қомус

chuo kikuu

олийгоҳ

darubini

микроскоп

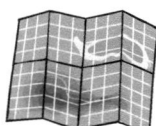

ramani

харита

kikapu cha kuweka karatasi chafu

урна

hoteli
меҳмонхона

Grand

hosteli
сайёҳлар ётоқхонаси

ofisi ya ubadilishanaji
пул айирбошлаш шаҳобчаси

sanduku
чемодан

gari
машина

lugha

тил

ndiyo / la

ҳа / йўқ

sawa

Хўп

hujambo

салом

mtafsiri

таржимон

Asante

Раҳмат

kiasi gani ni ...?

неча пул...?

Sielewi

Тушунмадим

tatizo

муаммо

Jioni njema!

Хайрли кеч!

Habari za asubuhi!

Хайрли тонг!

Usiku mwema!

Хайрли тун!

kwa heri

кўришгунча

mwelekeo

йўналиш

mizigo

йўловчи юки

mfuko

сафархалта

shanta

юк халта

mgeni

меҳмон

chumba

хона

begi la kulalia

уйқуқоп

hema

чодир

taarifa ya utalii
....
саёҳларга маълумот
бериш столи

ufuo
....
пляж

kadi
....
омонат карта

kifunguakinywa
....
нонушта

chakula cha mchana
....
нонушта

chakula cha jioni
....
кечки овқат

tiketi
....
чипта

kuinua
....
лифт

muhuri
....
марка

mpaka
....
чегара

mila
....
божхона

ubalozi
....
элчихона

visa
....
виза

pasipoti
....
паспорт

usafiri

транспорт

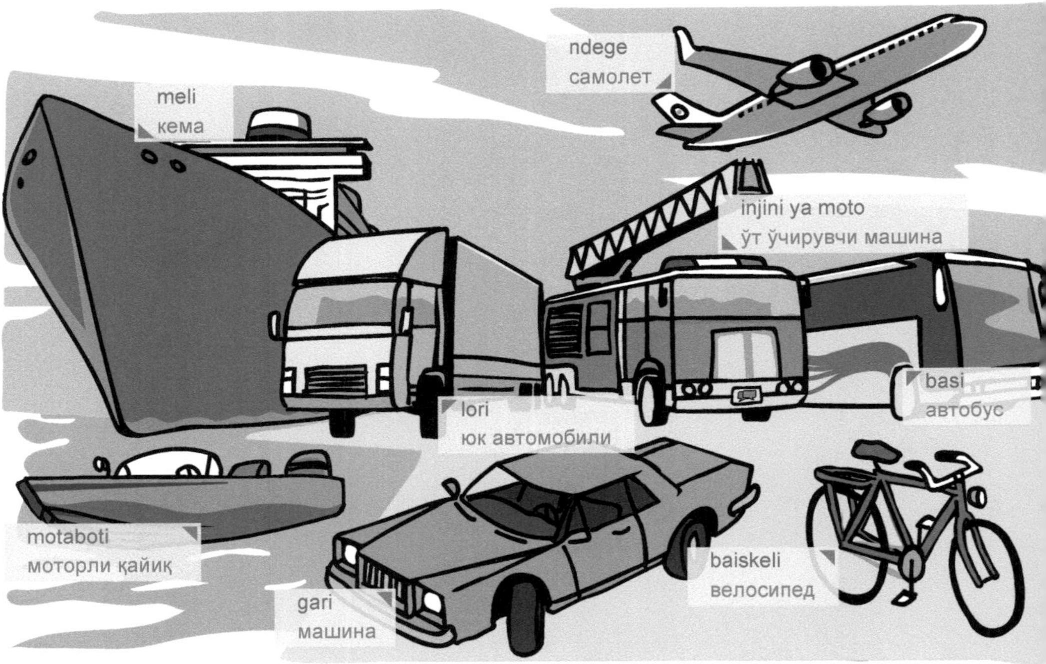

ndege
самолет
meli
кема
injini ya moto
ўт ўчирувчи машина
lori
юк автомобили
basi
автобус
motaboti
моторли қайиқ
baiskeli
велосипед
gari
машина

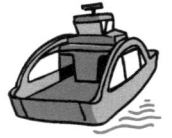

feri

солсимон ясси кема

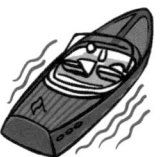

mashua

қайиқ

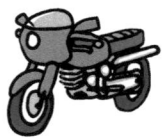

pikipiki

мотоцикл

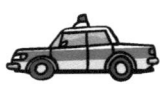

gari la polisi

посбон машинаси

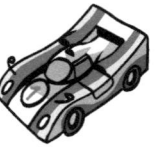

gari la mashindano

пойга машинаси

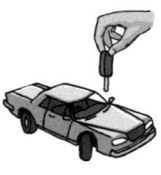

gari la kukodisha

ижарага олинган автоулов

kushiriki gari

автоижара

lori la kuvuta

шатакка олувчи юк
автомобили

ukusanyaji taka

ахлат машинаси

motor

мотор

mafuta

ёқилғи

kituo cha mafuta

ёқилғи қуйиш шаҳобчаси

ishara trafiki

йўл белгиси

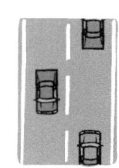

trafiki

йўл ҳаракати

msongamano

тирбанд

maegesho

втомобил тўхтаб туриш
жойи

kituo cha treni

поезд бекати

reli

рельс

garimoshi

поезд

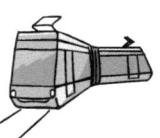

tremu

трамвай

gari la mizigo

вагон

helikopta

вертолёт

uwanja wa ndege

аэропорт

mnara

минора

abiria

йўловчи

chombo

контейнер

katoni

қоғоз қути

mkokoteni

аравача

kikapu

сават

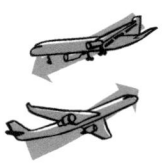

ondoka

учмоқ / қўнмоқ

jiji

шаҳар

kijiji

қишлоқ

katikati ya jiji

шаҳар маркази

nyumba

уй

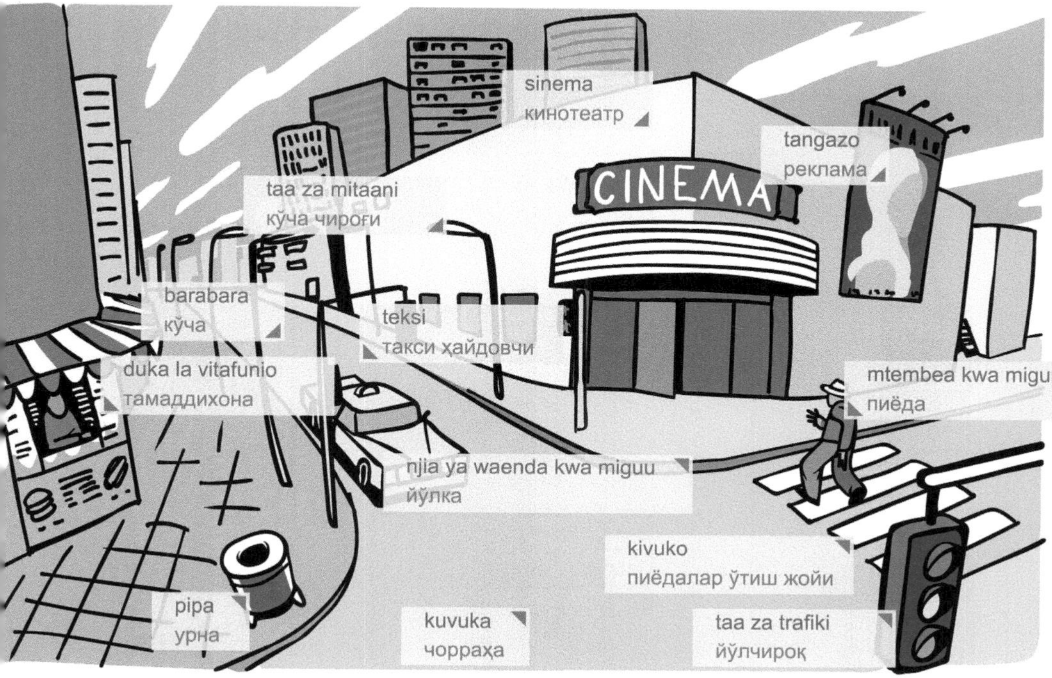

sinema
кинотеатр
CINEMA
tangazo
реклама
taa za mitaani
кўча чироғи
barabara
кўча
teksi
такси ҳайдовчи
duka la vitafunio
тамаддихона
mtembea kwa miguu
пиёда
njia ya waenda kwa miguu
йўлка
kivuko
пиёдалар ўтиш жойи
pipa
урна
kuvuka
чорраҳа
taa za trafiki
йўлчироқ

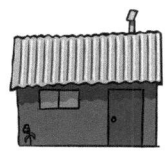

kibanda

кулба

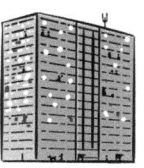

gorofa

квартира

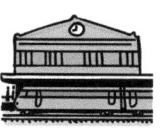

kituo cha treni

поезд бекати

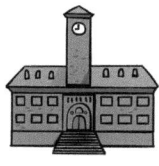

ukumbi wa mji

маҳаллий ҳокимият биноси

MUSEUM

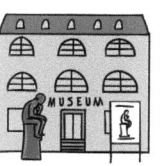

Makavazi

музей

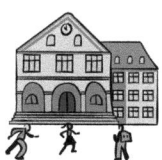

shule

мактаб

chuo kikuu

олийгоҳ

benki

банк

hospitali

шифохона

hoteli

меҳмонхона

duka la dawa

дорихона

ofisi

идора

duka la kitabu

китоб дўкони

duka

дўкон

duka la maua

гул дўкони

dukakuu

супермаркет

soko

бозор

idara ya kuhifadhi

универмаг

mwuza samaki

балиқ дўкони

kituo cha ununuzi

савдо маркази

bandari

бандаргоҳ

Hifadhi

истироҳат боғи

benki

банк

daraja

кӯприк

vidato

зинапоя

chini ya ardhi

метро

handaki

ер ости йӯли

kituo cha mabasi

автобус бекати

bar

бар

mgahawa

ресторан

sanduku la posta

почта қутиси

ishara ya barabara

кӯча ёзув осма тахтаси

mita ya maegesho

тӯхтаб туриш вақтини
ҳисоблагич

bustani ya wanyama

ҳайвонот боғи

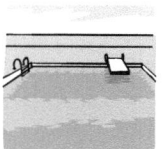

kidimbwi cha kuogelea

бассейн

msikiti

масжид

shamba

чорвачилик хўжалиги

uchafuzi

атроф-муҳит
ифлосланиши

makaburini

қабристон

kanisa

ибодатхона

uwanja wa michezo

болалар ўйингоҳи

hekalu

эҳром

mazingira
манзара

jani
япроқ

ishara ya mwelekeo
йўлкўрсатгич

njia
йўл

malisho
ўтлоқ

jiwe
тош

mti
дарахт

mtembeaji wa masafa
пиёда сайёҳ

mto
дарё

nyasi
майса

ua
гул

bonde
водий

kilima
қир

ziwa
кўл

msitu
ўрмон

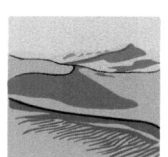

jangwa
чўл

volkano
вулкан

ngome
қалъа

upinde wa mvua
камалак

uyoga
қўзиқорин

mtende
пальма дарахти

mbu
пашша

kuruka
чивин

chungu
чумоли

nyuki
асалари

buibui
ўргимчак

mende

кўнғиз

chura

қурбақа

kuchakuro

олмахон

nungunungu

типратикон

sungura

қуён

bundi

укки

ndege

қуш

swan

оққуш

nguruwe mwitu

эркак чўчқа

kulungu

буғу

aina ya kongoni

бутоқ шоҳли кийик

bwawa

тўғон

tabo ya upepo

шамол генератори

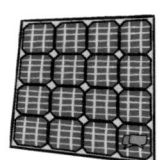

nishaji ya jua

қуёш батареяси

hali ya hewa

иқлим

mgahawa
ресторан

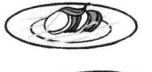

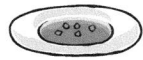

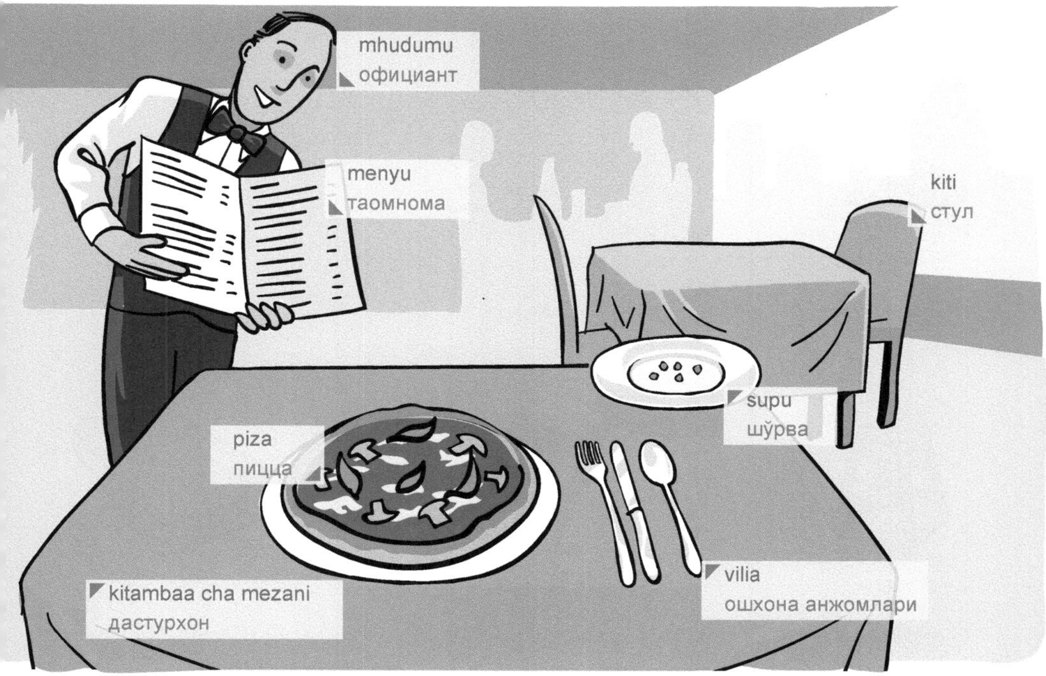
mhudumu
официант
menyu
таомнома
kiti
стул
supu
шўрва
piza
пицца
kitambaa cha mezani
дастурхон
vilia
ошхона анжомлари

kiamsha hamu

газак

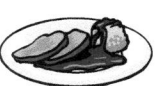

kozi kuu

асосий таом

kitindamlo

десерт

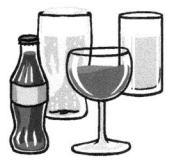

vinywaji

ичимликлар

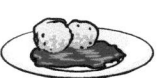

chakula

таом

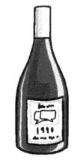

chupa

бутилка

chakula cha haraka

тез пишар таом

Streetfood

кӯча таоми

buli

чойнак

kisanduku cha sukari

шакардон

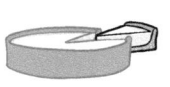

sehemu

порция

mashine ya espresso

эспрессо кофе машинаси

kiti kirefu

болалар курсичаси

muswada

ҳисоб

trei

лаган

kisu

пичоқ

uma

санчқи

kijiko

қошиқ

kijiko cha chai

чой қошиқ

nepi

кӯл сочиқ

glasi

стакан

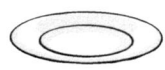

sahani

ликоп

sahani ya supu

шӯрва коса

sufuria

тақсимча

mchuzi

қайла

kichanyaji chumvi

туздон

kinu cha pilipili

қалампир янчгич

siki

сирка

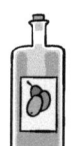

mafuta

ёғ

viungo

зираворлар

kechapu

кетчуп

haradali

хантал

kachumbari nzito

майонез

dukakuu

супермаркет

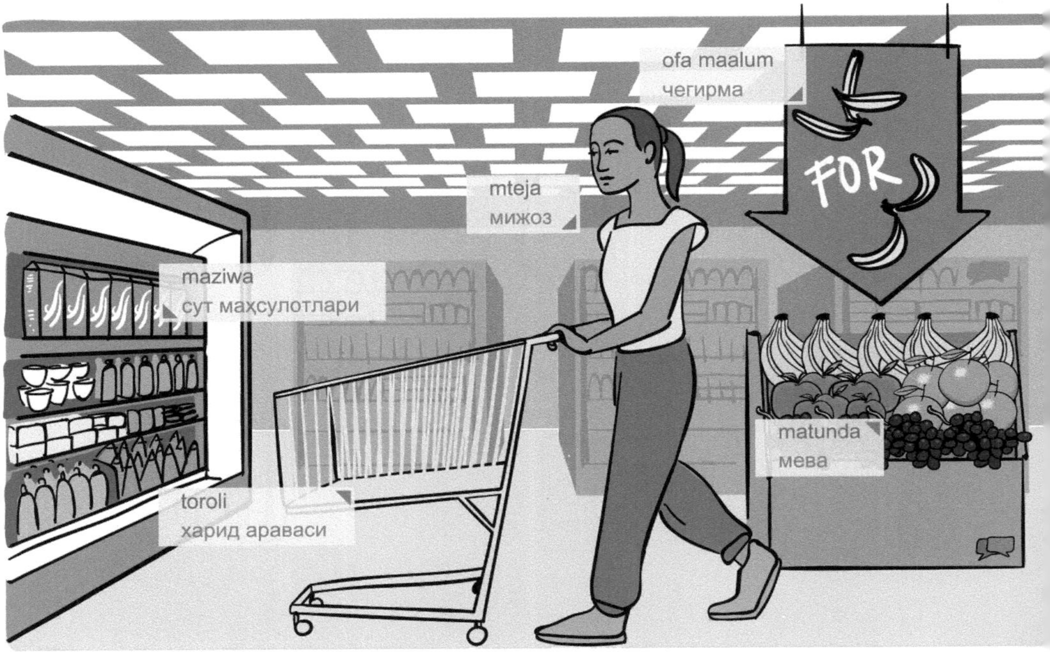

ofa maalum
чегирма
FOR
mteja
мижоз
maziwa
сут маҳсулотлари
matunda
мева
toroli
харид араваси

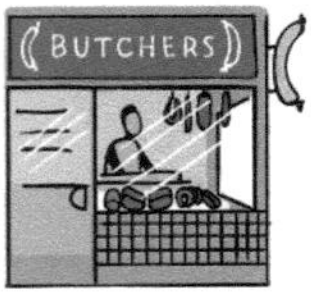

BUTCHERS

mchinjaji

қассобхона

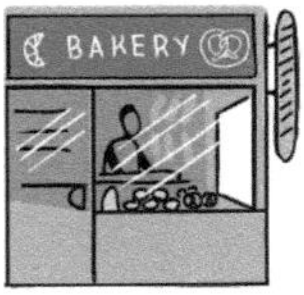

BAKERY

mwokaji

нонвойхона

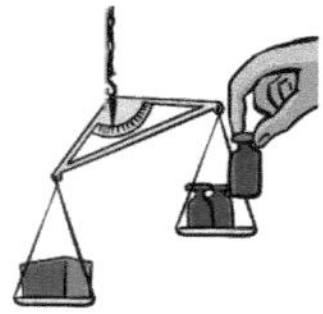

uzito

тарозида ўлчамоқ

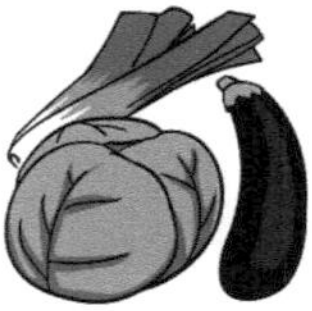

mboga

сабзавот

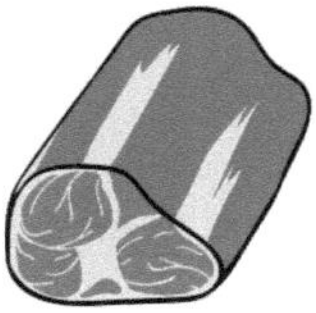

nyama

гўшт

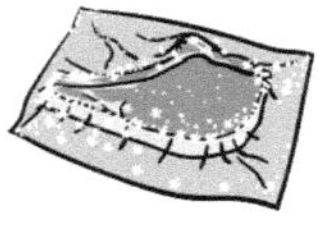

chakula waliohifadhiwa

музлатилган таомлар

vipande vya nyama baridi

яхна гўшт

chakula cha kopo

консерва

sabuni ya unga

кир ювиш воситаси

pipi

ширинликлар

bidhaa za kaya

кундалик истеъмол
моллар

bidhaa za kusafisha

ювиш воситалари

mtu mauzo

сотувчи

mpaka

касса аппарати

keshia

ғазначи

orodha ya manunuzi

харид рўйхати

masaa ya ufunguzi

иш вақти

mkoba

ҳамён

kadi

омонат карта

mfuko

халта

mfuko wa plastiki

целлофан халта

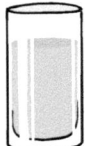

maji

сув

sharubati

шарбат

maziwa

сут

coke

кока-кола

mvinyo

вино

bia

пиво

pombe

спиртли ичимлик

kakao

какао

chai

чой

kahawa

кофе

spreso

эспрессо

kapuchino

капучино

ndizi

банан

tufaha

олмахон

machungwa

апельсин

tikiti

қовун

lemon

лимон

karoti

сабзи

kitunguu saumu

саримсоқ

mianzi

бамбук

kitunguu

пиёз

uyoga

қўзиқорин

karanga

ёнғоқ

nudo

лағмон

spageti

спагетти

mpunga

гуруч

saladi

салат

vibanzi

картошка-фри

viazi vya kukaanga

қовурилган картошка

piza

пицца

hambaga

гамбургер

sandwichi

сэндвич

kipande

тўқмоқланган тўш қиймаси

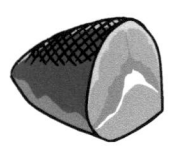

paja la mnyama

дудланган чўчқа гўшти

salami

салями колбасаси

soseji

сосиска

kuku

товуқ гўшти

choma

қовурилган

samaki

балиқ

chakula - таом

oats ya uji

сули бўтқаси

muesli

мюсли

cornflakes

маккажўхори ёрмаси

unga

ун

kroisanti

француз булочкаси

andazi

булочка

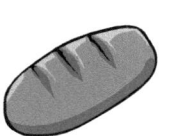

mkate

нон

mkate wa kubanika

қизартирилган нон бўлаги

biskuti

пиширик

siagi

сариёғ

maziwa mgando

творог

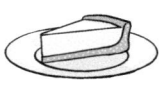

keki

пирог

yai

тухум

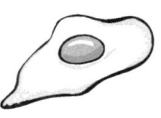

yai kukaanga

қовурилган тухум

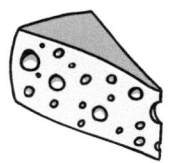

jibini

пишлоқ

aiskrimu

музқаймоқ

sukari

шакар

asali

асал

jemu

мураббо

kuenea kwa chokoleti

шоколад пастаси

mchuzi wa viungo

зарчава

shamba
чорвачилик хўжалиги

nyumba ya kilimo
деҳқон уйи
ghalani
пичанхона
majani bale
похол тугуни
uwanja
дала
farasi
от
trela
тиркама
trekta
трактор
mtoto
қулун
punda
эшак
kondoo
қўй
mwanakondoo
қўзи

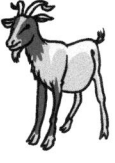

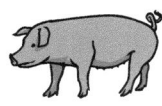

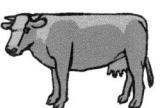

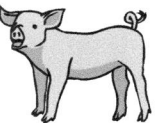

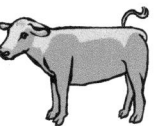

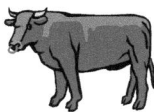

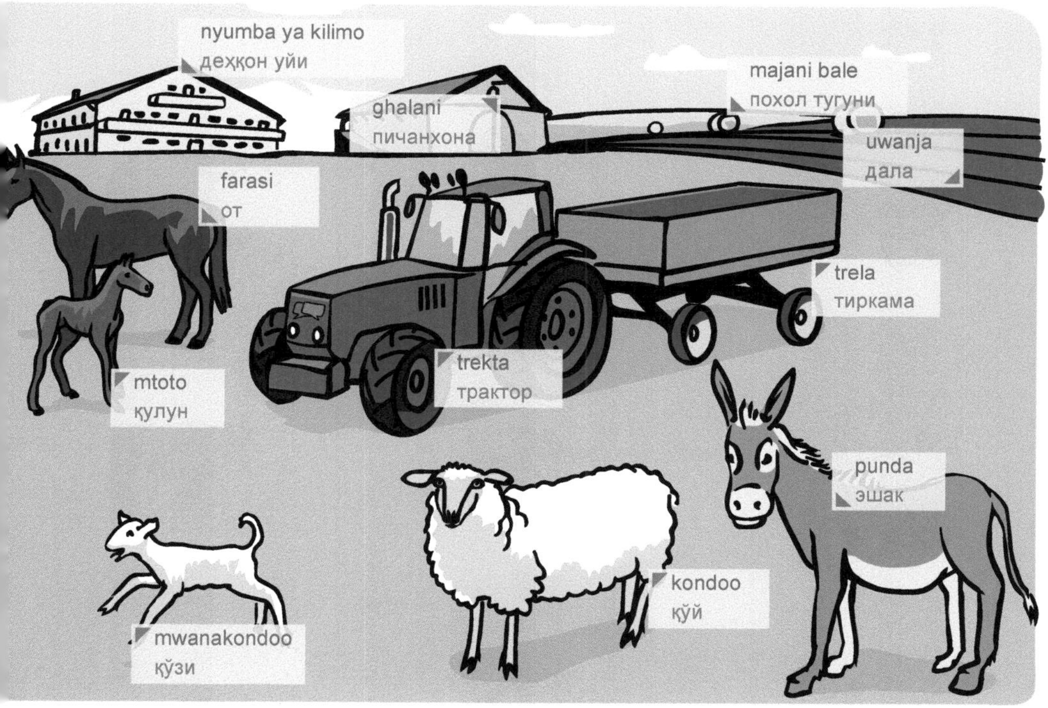

mbuzi

эчки

ng'ombe

сигир

ndama

бузоқ

nguruwe

чўчқа

mwananguruwe

чўчқа боласи

fahali

буқа

batabukini

ғоз

bata

ўрдак

kifaranga

жўжа

kuku

товуқ

jogoo

хўроз

panya

каламуш

paka

мушук

panya

сичқон

ng'ombe

хўкиз

mbwa

ит

nyumba ya mbwa

каталак

bomba la bustani

ҳовли боғ шланги

debe la kumwagilia maji

гулчелак

fyekeo

белўроқ

kulima

темир омоч

shamba - чорвачилик хўжалиги

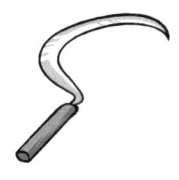

mundu

қўлўроқ

jembe

чопқи

uma wa nyasi

паншаха

shoka

болта

toroli

ғалтакарава

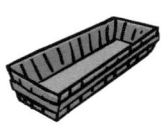

kupitia nyimbo

охур

chombo cha maziwa

сут бидони

gunia

тўрва

ua

панжара

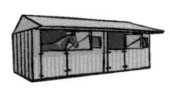

imara

оғилхона

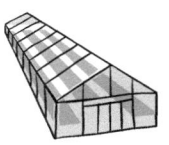

chafu

иссиқхона

udongo

тупроқ

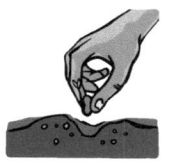

mbegu

уруғ

mbolea

ўғит

kivunaji

комбайн

mavuno

ҳосил олмоқ

mavuno

йиғим-терим

viazi vikuu

ямс

ngano

буғдой

soya

соя

viazi

картошка

mahindi

маккажўхори

rapa

рапс уруғи

mti wa matunda

мевали дарахт

muhogo

маниок

nafaka

ёрма

nyumba

уй

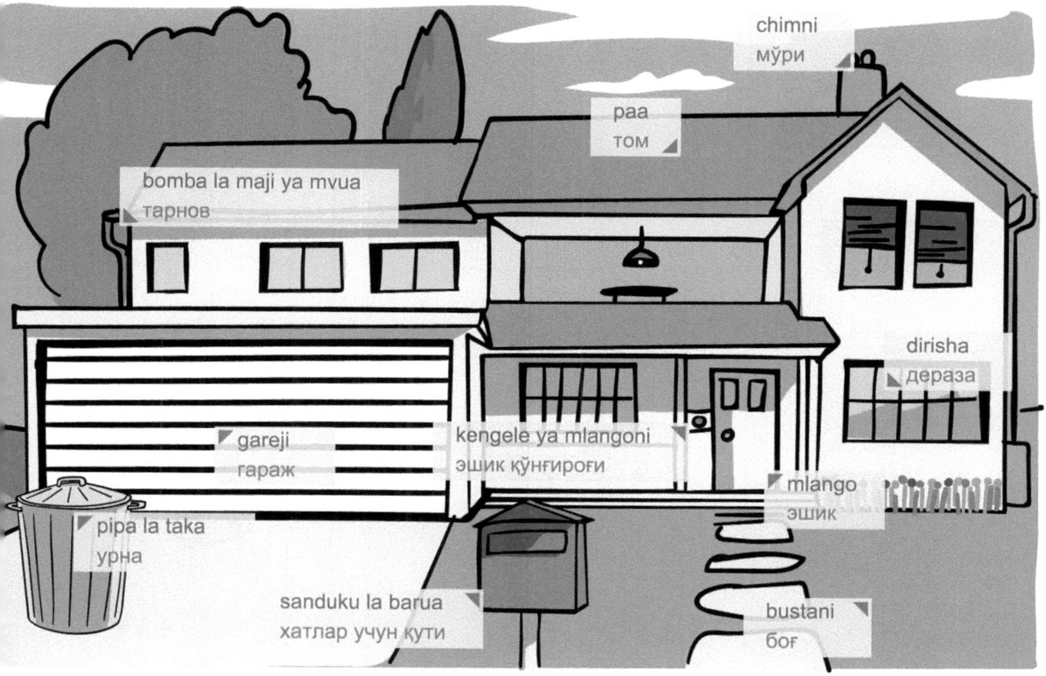
chimni
мўри
paa
том
bomba la maji ya mvua
тарнов
dirisha
дераза
gareji
гараж
kengele ya mlangoni
эшик қўнғироғи
mlango
эшик
pipa la taka
урна
sanduku la barua
хатлар учун қути
bustani
боғ

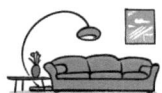

sebuleni

мехмонхона

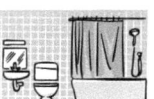

bafu

ваннахона

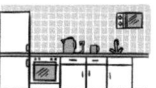

jikoni

ошхона

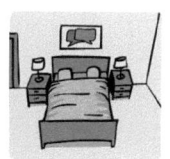

chumba cha kulala

ётоқхона

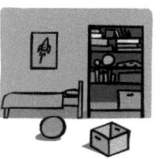

chumba ya mtoto

болалар хонаси

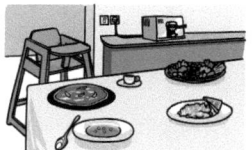

chumba cha kulia

ошхона

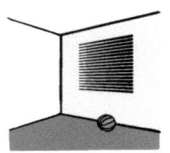

sakafu

пол

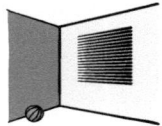

ukuta

девор

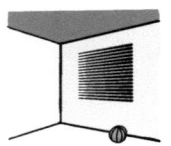

dari

шип

pishi

подвал

sauna

сауна

rɔshani

болохона айвони

mtaro

айвон

kidimbwi

бассейн

mashine ya kukata nyasi

ўт ўргич машина

karatasi

кўрпажилд

kitambaa cha kupamba
kitanda

чойшаб

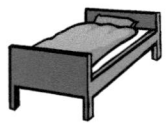

kitanda

кроват

ufagio

супурги

ndoo

пақир

kubadili

мурват

sebuleni
меҳмонхона

mandhari
гулқоғоз
picha
сурат
taa
чироқ
rafu
токча
kabati
жавон
televisheni/runinga
телевизор
mekoni
ўчоқ
ua
гул
mto
ёстиқ
sofa
диван
chombo cha maua
гулдон
kitenzambali
масофадан бошқариш пульти

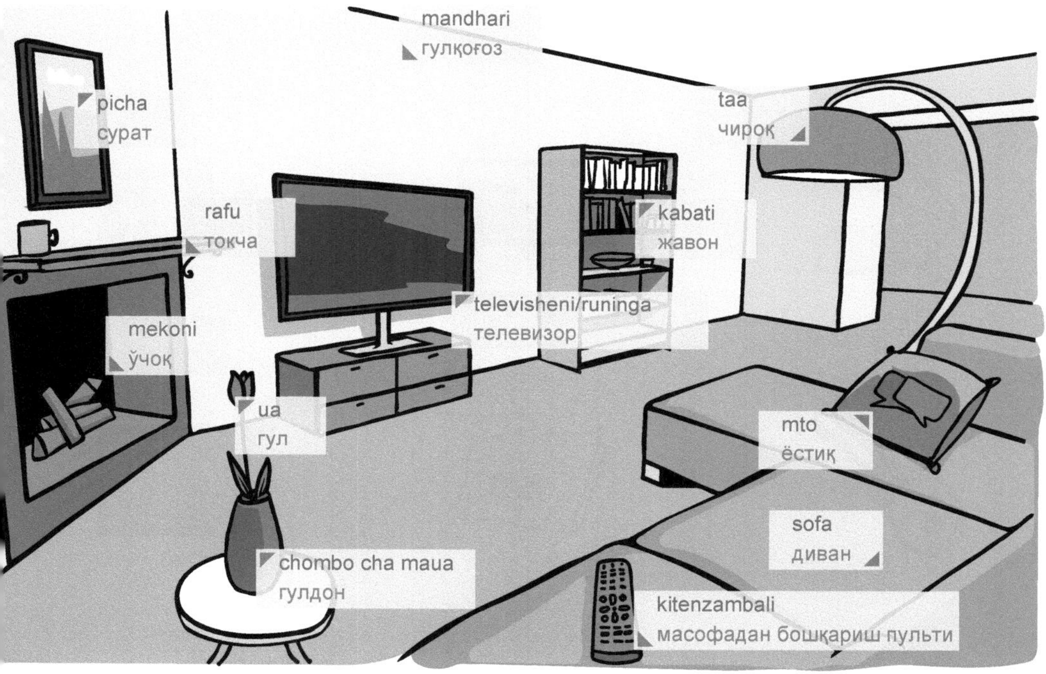

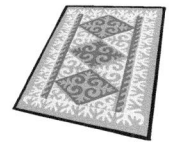

zulia
гилам

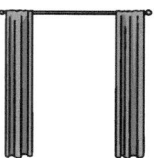

pazia
парда

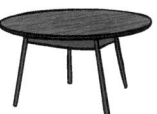

meza
стол

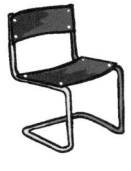

kiti
стул

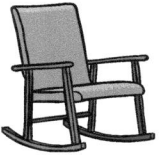

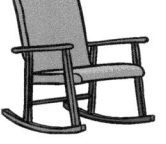

kiti cha bembea
тебранма курси

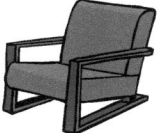

armchair
кресло

kitabu

китоб

blanketi

кўрпа

mapambo

ҳашам

kuni

ўтин

filamu

кино

kifaa cha hi-fi

стерео қурилма

ufunguo

калит

gazeti

рўзнома

uchoraji

расм

bango

плакат

redio

радио

daftari

ён дафтар

kifyonza

чанг ютгич

dungusi kakati

кактус

mshumaa

шам

jikoni
ошхона

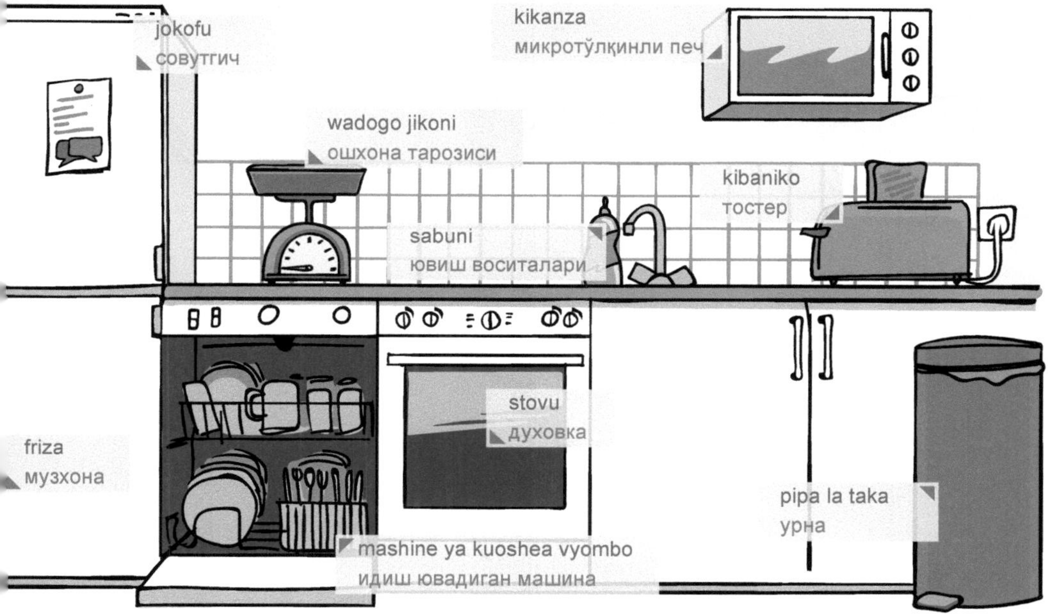

jokofu
совутгич
kikanza
микротўлқинли печ
wadogo jikoni
ошхона тарозиси
kibaniko
тостер
sabuni
ювиш воситалари
stovu
духовка
friza
музхона
pipa la taka
урна
mashine ya kuoshea vyombo
идиш ювадиган машина

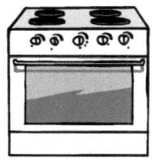

jiko la kupika

плита

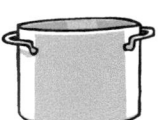

chungu

кастрюль

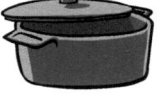

sufuria ya chuma

чўян қозон

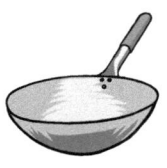

wok / kadai

бўртма тубли това

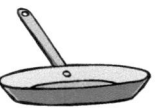

kaango

това

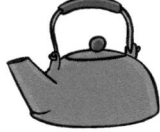

birika

човгун

stima

мантиқасқон

sinia ya kuoka

тунука това

vyombo vya udongo

идиш

kombe

кружка

bakuli

коса

vijiti vya kulia

таом ейиш таёқчалари

ukawa

чўмич

mwiko mpana

куракча

burashi

кўпиртиргич

kichujio

элак

chujio

элак

mbuzi

қирғич

chokaa

ҳовонча

barbeque

гриль

moto wazi

олов

ubao wa majaribio

оштахта

kijiti cha kusukuma unga

жува

kizibuo

пармасимон тиқин очгич

kopo

консерва

inaweza kopo

консерва очгич

kishikio cha chungu

тутгич

karo

унитаз

brashi

идиш чўтка

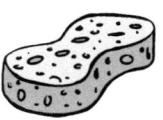

sifongo

қозонсочиқ

kisagaji matunda

қориштиргич

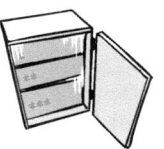

friji ya kina

музлатгич

chupa ya mtoto

сўрғичли чақалоқ
бутилкаси

bomba

кран

bafu

ваннахона

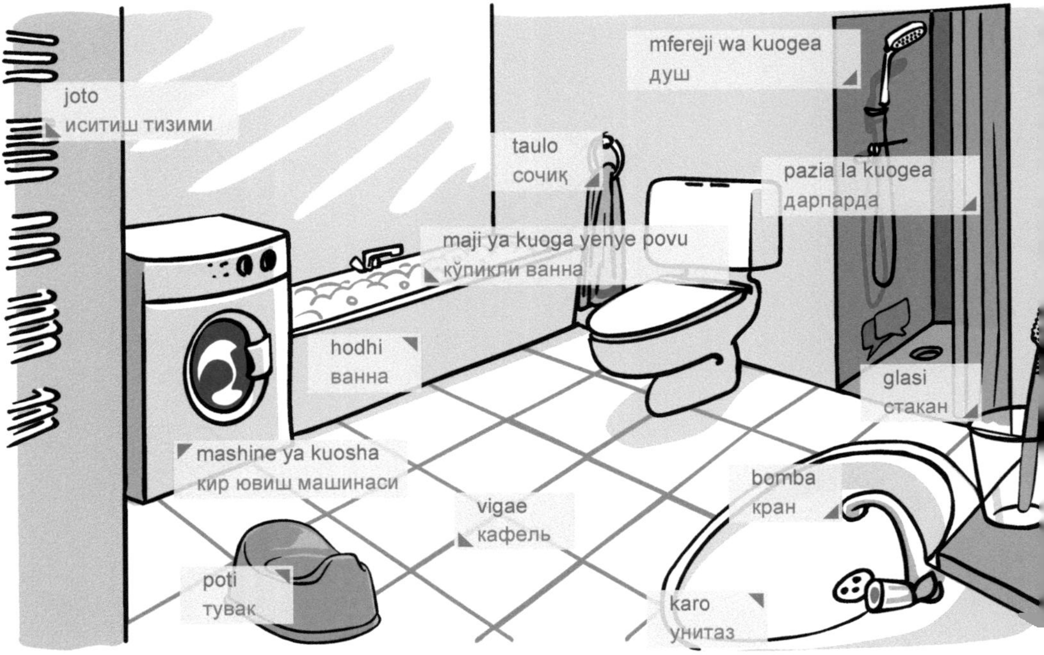

mfereji wa kuogea
душ
joto
иситиш тизими
taulo
сочиқ
pazia la kuogea
дарпарда
maji ya kuoga yenye povu
кўпикли ванна
hodhi
ванна
glasi
стакан
mashine ya kuosha
кир ювиш машинаси
bomba
кран
vigae
кафель
poti
тувак
karo
унитаз

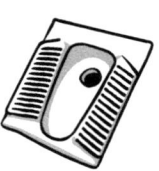

choo

ҳожатхона

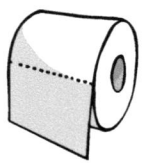

choo cha squat

полга ўрнатиладиган унитаз

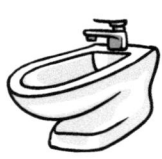

beseni la mviringo

таҳоратдон

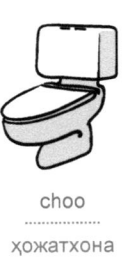

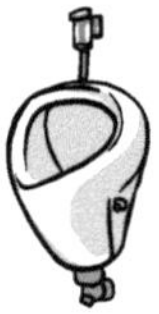

choo cha umma

сийдик унитази

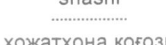

shashi

ҳожатхона қоғози

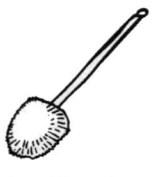

brashi ya choo

ҳожатхона чўткаси

mswaki

тиш чўтка

dawa ya meno

тиш пастаси

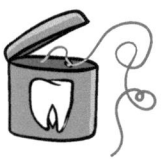

dawa ya meno

тиш тозалагич ип

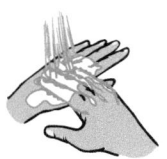

safisha

ювмоқ

kuoga mkono

дастакли душ

msukumo wa maji

таҳорат учун душ

bonde

тоғора

mpako wa pili

елка қашлайдиган чўтка

sabuni

совун

jeli ya kuogea

душ учун гель

shampuu

шампунь

flana

мочалка

toa maji

қувур

krimu

крем

kiondoa harufu

дезодарант

kioo

кўзгу

kioo mkono

қўл кўзгуси

kinyozi

устара

povu la kunyoa

устара учун кўпик

baada ya kunyoa

салқинлантирувчи
бальзам

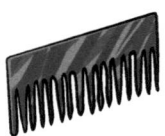

kichana

тароқ

brashi

чўтка

kikausha nywele

фен

marashi ya nyewele

соч учун лак

vipodozi

пардоз-андоз

kidomwa

лаб учун помада

varnish ya msumari

тирноқ лаки

pamba

пахта

mkasi wa kucha

тирноқ қайчиси

manukato

духи

mkoba wa kuosha

пардоз-андоз халтаси

kinyesi

курси

mizani

тарози

nguo ya kuoga

чӯмилиш халати

glavu za mpira

резина қӯлқоп

kisodo

тампон

sodo

гигиеник таглик

kemikali choo

биоҳожатхона

chumba ya mtoto

болалар хонаси

saa ya kengele
бонг соат
kidoli cha kupakata
юмшоқ ўйинчоқ
gari bandia
ўйинчоқ машина
kelele
шақилдоқ
chumba cha midoli
қўғирчоқ уй
sasa
совға

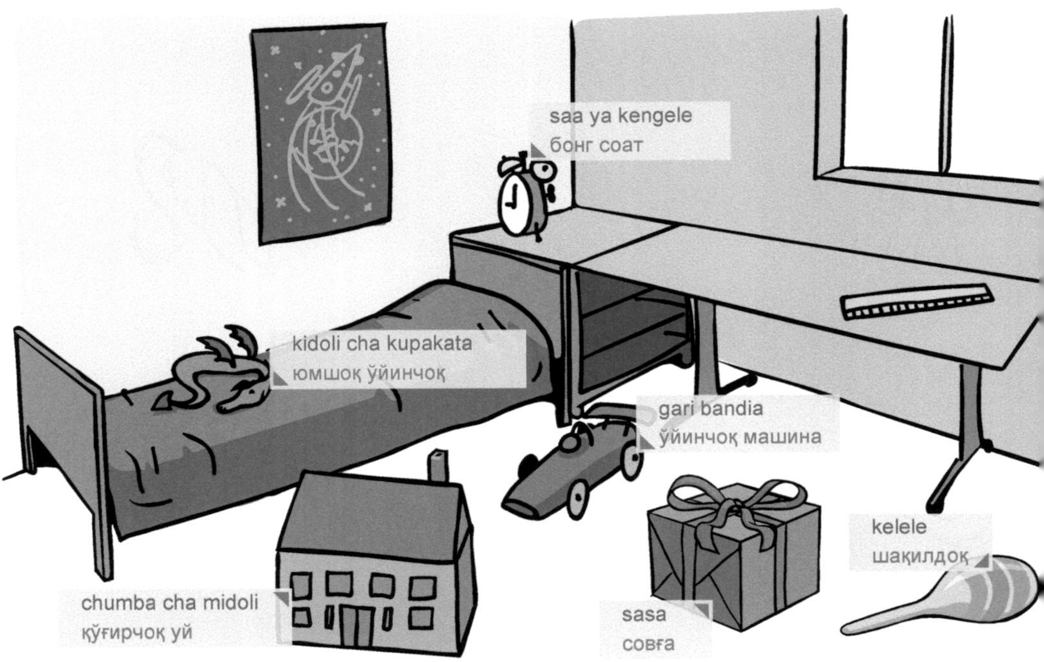

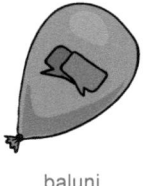

baluni

шар

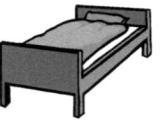

kitanda

кроват

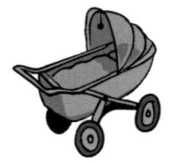

mashua

болалар аравачаси

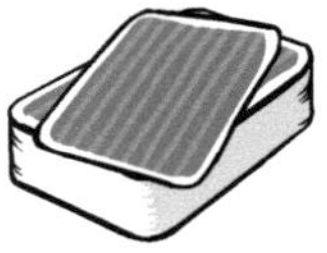

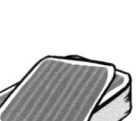

staha ya kadi

карта тўплами

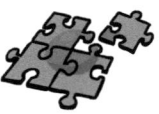

mchezo-fumb

терма тасвир

SUPER
MEGA

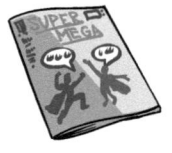

vichekesho

кулгили саҳна асари

matofali lego

лего ғиштлари

vitalu mwigo

ўйинчоқ кубиклар

hatua takwimu

ўйинчоқ қаҳрамон

suti ya kulalia

ползунка

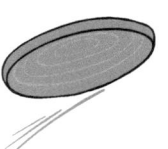

kisahani

учар ликопча

simu

осма шақилдоқ

ubao wa michezo

стол ўйини

kete

ошиқ

garimoshi mwigo

поезд макети

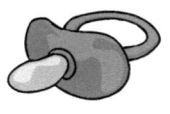

dummy

сўрғич

chama

ўтириш

picha kitabu

расмли китоб

mpira

копток

kikaragosi

қўғирчоқ

kucheza

ўйнамоқ

shimo la mchanga

қумдон

bembea

арғимчоқ

vitu bandia

ўйинчоқлар

kiweko cha video ya mchezo

ўйин приставкаси

baiskeli ya magurudumu

уч ғилдиракли велосипед

matatu

mwanasesere

бахмал айиқ

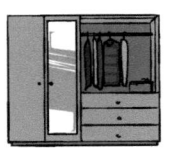

kabati

кийим шкафи

nguo

кийим

soksi

пайпоқ

stokingi

чулки

kibano

колготка

skafu
шарф

ukanda
камар

mwavuli
соябон

fulana
футболка

viatu
ботинка

ndara
тапочка

wakufunzi
кроссовка

malapa
шиппак

viatu
туфли

mabuti ya mpira
резина этик

suruali ya ndani
тор турсик

sidiria
кўкракпеч

fulana
майка

mwili
боди

suruali
иштон

dangirizi
жинси

sketi
юбка

blauzi
кофта

shati
кўйлак

vuta
жемпер

sweta
узун чакмон

bleza
спорт бичимидаги пиджак

jaketi
куртка

koti
пальто

koti la mvua
плаш

maleba
либос

gauni
кўйлак

mavazi ya harusi
келин кўйлак

suti

костюм шим

vazi la usiku

тунги кўйлак

pajama

пижама

sari

сари

skafu

шолрўмол

kilemba

салла

burka

паранжи

kaftan

чакмон

abaya

абая

vazi la kuogelea

чўмилиш костюми

vazi la kiume la kuogelea

турсик

kaptura

шортик

teitei

спорт костюми

aproni

фартук

glavu

кўлқоп

kifungo

тугма

glasi

кўзойнак

bangili

билагузук

mkufu

мунчоқ

pete

узук

herini

сирға

kofia

кепка

kiango cha koti

пальто илгак

kofia

шляпа

tai

бўйинбоғ

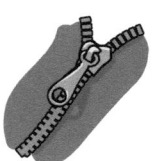

zipu

замок

kofia

дубулға

kanda za suruali

шим тортгич

sare za shule

мактаб формаси

sare

форма

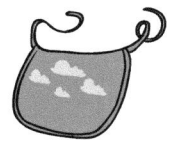

bibu

ошхўрак

dummy

сўрғич

nepi

таглик

ofisi

идора

seva
сервер
kabati la kuweka faili
қоғоз-ҳужжатлар шкафи
kichapishaji
принтер
karatasi
қоғоз
kiwambo
экран
kipanya
сичқонча
dawati
иш столи
folda
папка
kibodi
клавиатура
cha kuweka karatasi chafu
kiti
стул
kompyuta
компьютер

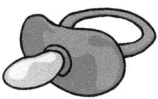

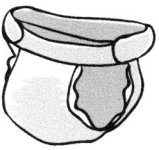

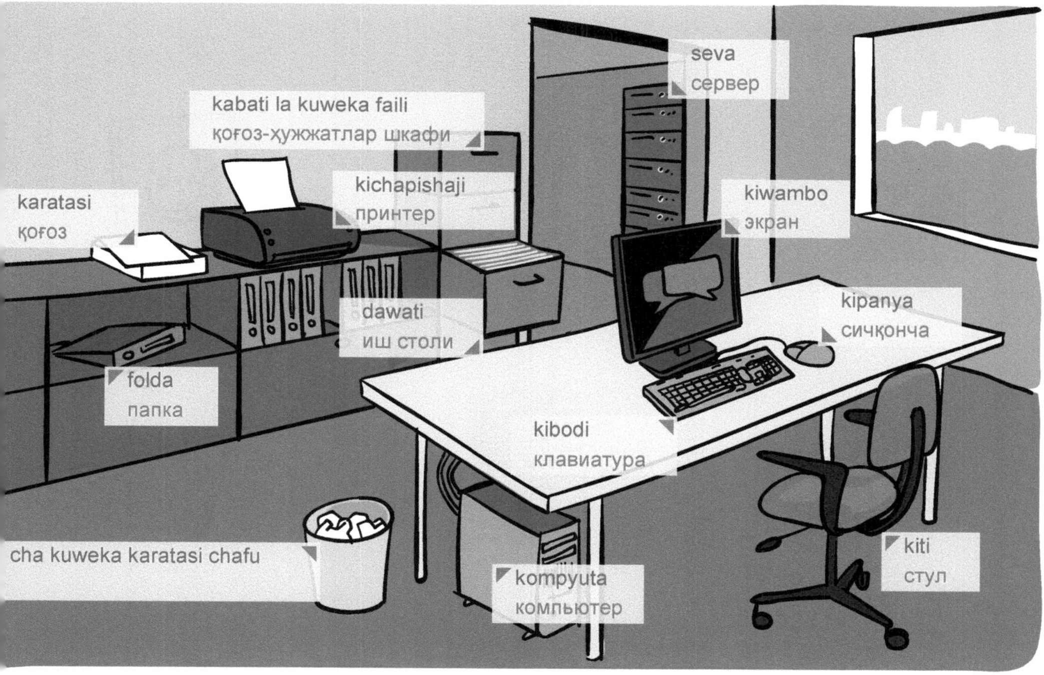

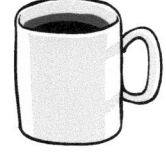

kmobe la kahawa

кофе кружкаси

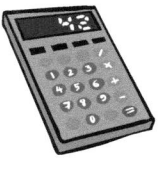

kikokotoo

калькулятор

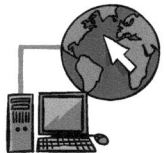

biashara

интернет

mbali

ноутбук

barua

хат

ujumbe

мактуб

rununu

уяли телефон

intaneti

тармоқ

fotokopia

нусха кўчиргич

programu

дастур

simu

телефон

soketi

розетка

kipepesi

факс

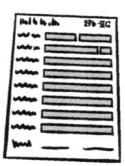

fomu

шакллар

hati

ҳужжат

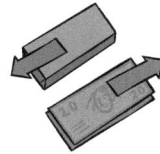

kununua

харид қилмоқ

kulipa

тўламоқ

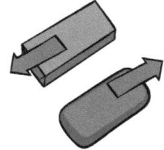

biashara

савдолашмоқ

fedha

пул

dola

доллар

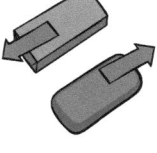

yuro

евро

yeni

йен

rouble

рубль

faranga ya Uswisi

швейцар франки

renminbi yuan

эньминьби хитой юани

rupia

рупи

eneo la kulipia

банкомат

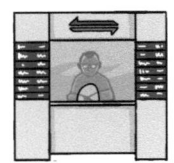

ofisi ya ubadilishanaji

пул айирбошлаш шаҳобчаси

dhahabu

олтин

fedha

кумуш

mafuta

нефт

nishati

энергия

bei

нарх

mkataba

шартнома

kodi

солиқ

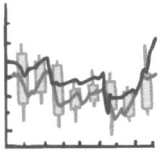

bidhaa

акция

kazi

ишламоқ

mfanyakazi

ишчи

mwajiri

иш берувчи

kiwanda

завод

duka

дўкон

kazi
касблар

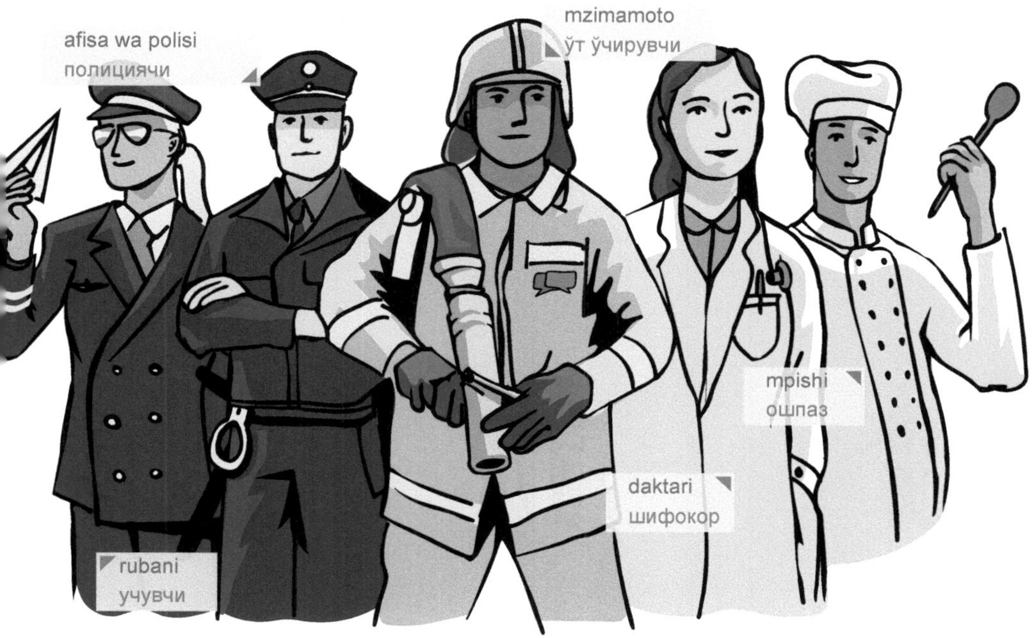

afisa wa polisi
полициячи
mzimamoto
ўт ўчирувчи
mpishi
ошпаз
daktari
шифокор
rubani
учувчи

mtunza bustani
боғбон

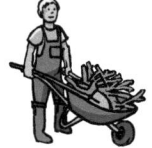

seremala
дурадгор

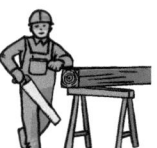

mshonaji
тикувчи

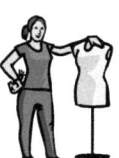

hakimu
ҳакам

mwanakemia
кимёгар

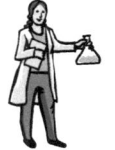

muigizaji
актёр

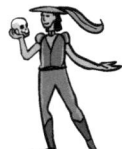

dereva wa basi

автобус ҳайдовчиси

dereva wa teksi

такси ҳайдовчи

mvuvi

балиқчи

mwanamke wa kusafisha

фаррош

mwezekaji

том устаси

mhudumu

официант

mwindaji

овчи

mchoraji

бўёқчи

mwokaji

нонвой

umeme

электр устаси

mjenzi

қурувчи

mhandisi

муҳандис

mchinjaji

қассоб

fundi bomba

сувчи чилангар

mwanaposta

почтачи

mwanajeshi
аскар

msanifu majengo
меъмор

keshia
ғазначи

muuza maua
гулчи

msusi
сартарош

kondakta
чиптачи

mekanika
механик

nahodha
капитан

daktari wa meno
тиш шифокори

mwanasayansi
олим

rabbi
яхудийлар руҳонийси

imamu
имом

mtawa
роҳиб

kasisi
руҳоний

zana
асбоблар

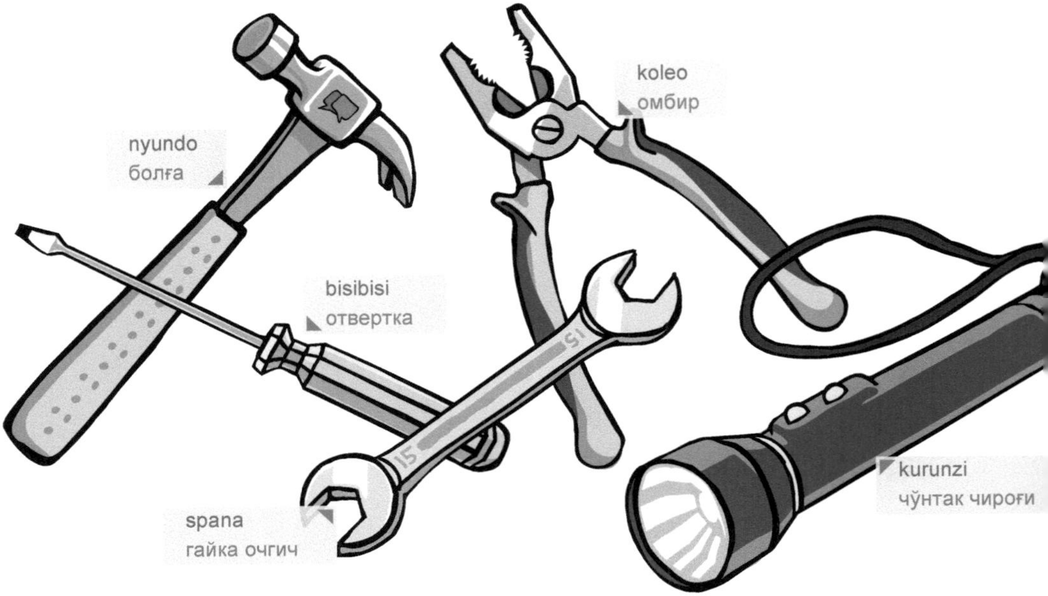
nyundo
болға
koleo
омбир
bisibisi
отвертка
kurunzi
чўнтак чироғи
spana
гайка очгич

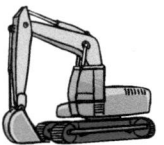

mchimbaji
экскаватор

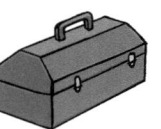

sanduku la vifaa
асбоблар қутиси

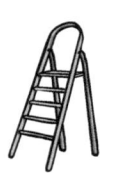

ngazi
нарвон

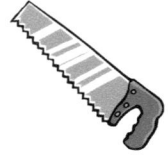

msumeno
қўларра

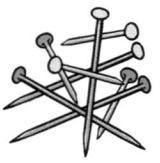

misumari
мих

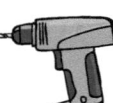

kuchimba visima
пармадаста

kukarabati

тузатмоқ

sepetu

белкурак

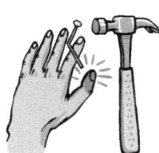

Lo!

Жин урсин!

kishikio cha uchafu

хокандоз

chungu cha rangi

бўёқ идиш

skurubu

бурама мих

ala za muziki

мусиқа асбоблари

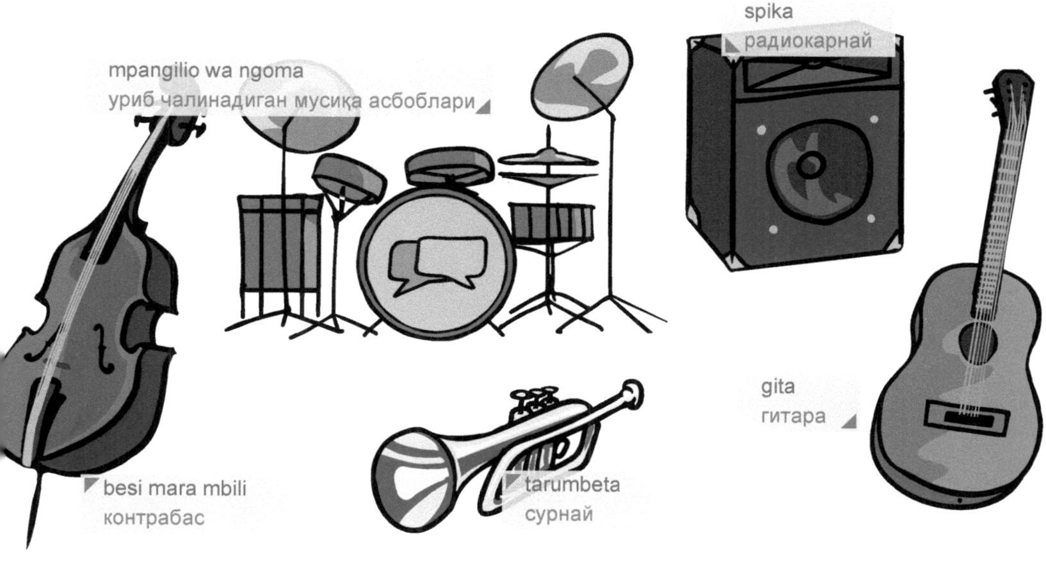

mpangilio wa ngoma
уриб чалинадиган мусиқа асбоблари

spika
радиокарнай

gita
гитара

besi mara mbili
контрабас

tarumbeta
сурнай

piano

пианино

fidla

ғижжак

ubeji

бас-гитара

timpani

қўшноғора

ngoma

дўмбира

kibodi

клавиатура

saksafoni

саксофон

filimbi

най

maikrofoni

микрофон

bustani ya wanyama

ҳайвонот боғи

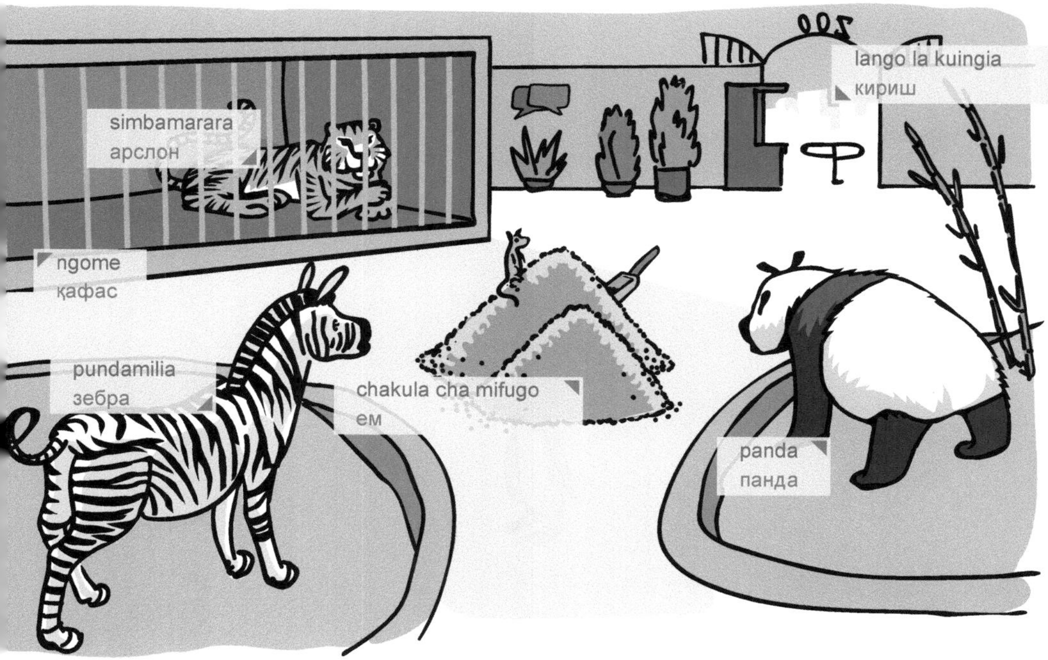

simbamarara
арслон
lango la kuingia
кириш
ngome
қафас
pundamilia
зебра
chakula cha mifugo
ем
panda
панда

wanyama

ҳайвонлар

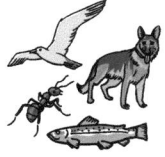

tembo

фил

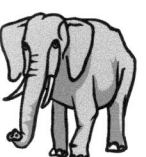

kangaruu

кенгуру

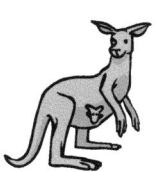

kifaru

каркидон

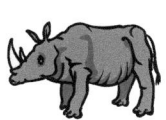

sokwe

горилла

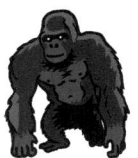

dubu

айиқ

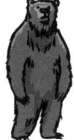

ngamia

туя

mbuni

туяқуш

simba

шер

tumbili

маймун

heroe

фламинго

kasuku

тўти

dubu

оқ айиқ

penguini

пингвин

papa

акула

tausi

товус

nyoka

илон

mamba

ᐨимсоҳ

mtunza wanyama

ҳайвонот боғи қоровули

muhuri

тюлень

jaguar

ягуар

bustani ya wanyama - ҳайвонот боғи

mwanafarasi

тўпичоқ от

chui

қоплон

kiboko

бегемот

twiga

жирафа

tai

бургут

nguruwe mwitu

эркак чўчқа

samaki

балиқ

kobe

тошбақа

sili

морж

mbweha

тулки

paa

оху

soka ya marekani
америка футболи

uendeshaji baiskeli
велосипед ҳайдаш

tenisi
теннис

mpira wa kikapu
баскетбол

kuogelea
сузиш

magongo ya barafuni
муз хоккейи

ndondi
бокс

soka
футбол

vinyoya
бадминтон

riadha
енгил атлетика

mpira wa mikono
қўлтўпи

skii
чанғи учиш

polo
поло

shughuli
машғулот

cheka
кулмоқ
kuruka
сакрамоқ
kumbatia
қучмоқ
kutembea
юрмоқ
kuimba
куйламоқ
ota ndoto
ҳаёл қилмоқ
kuomba
ибодат қилмоқ
busu
ўпмоқ

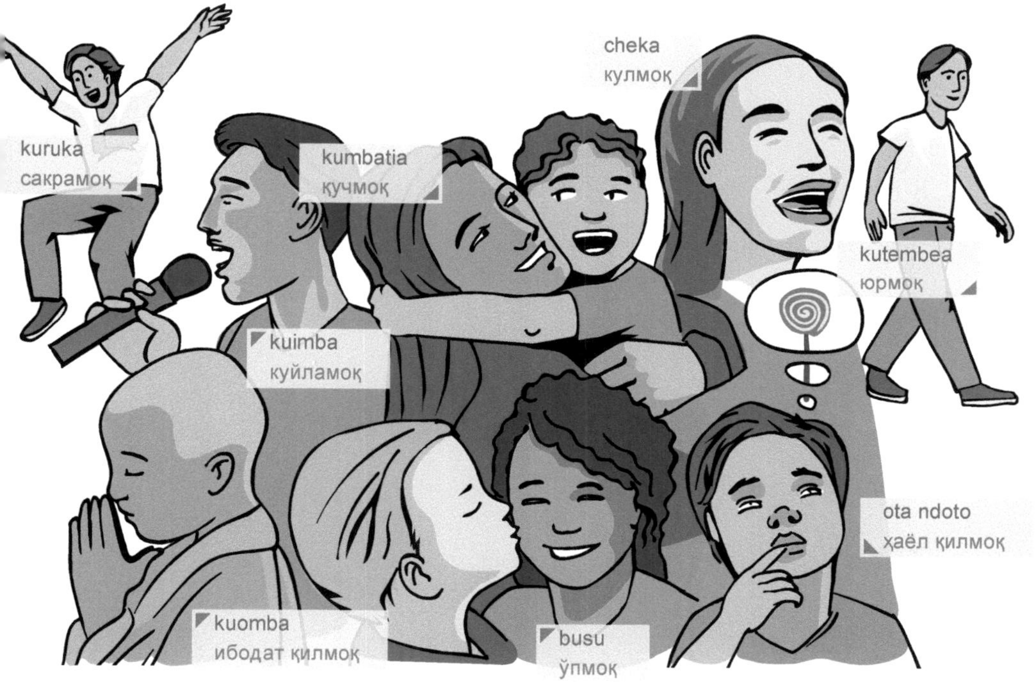

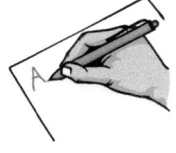

kuandika
ёзмоқ

kuteka
чизмоқ

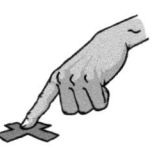

angalia
кўрсатмоқ

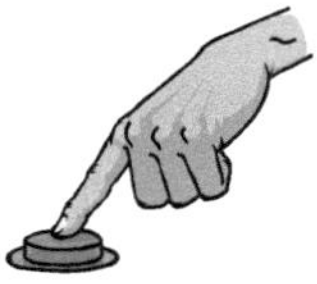

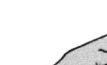

sukuma
итармоқ

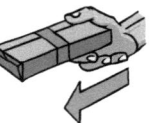

kutoa
бермоқ

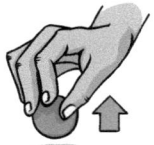

kuchukua
олмоқ

kuwa

эга бўлмоқ

fanya

бажармоқ

kuwa

бўлмоқ

kusimama

турмоқ

kukimbia

югурмоқ

vuta

тортмоқ

kutupa

улоқтирмоқ

kuanguka

йиқилмоқ

hadaa

алдамоқ

kusubiri

кутмоқ

kubeba

ташимоқ

kukaa

ўтирмоқ

vaa nguo

кийинмоқ

usingizi

ухламоқ

kuamka

уйғонмоқ

kuangalia

қарамоқ

lia

йиғламоқ

kiharusi

зарба бермоқ

chana nywele

тарамоқ

ongea

гаплашмоқ

kuelewa

тушунмоқ

kuuliza

сўрамоқ

kusikiliza

тингламоқ

kunywa

ичмоқ

kula

емоқ

nadhifisha

йиғиштирмоқ

upendo

севмоқ

mpishi

пиширмоқ

gari

ҳайдамоқ

kuruka

учмоқ

shughuli - машғулот

meli

кемада сузмоқ

kokotoa

ҳисобламоқ

kusoma

ўқимоқ

kujifunza

ўрганмоқ

kazi

ишламоқ

kuoa

турмуш қурмоқ

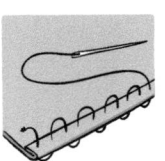

kushona

тикмоқ

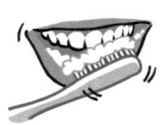

piga mswaki

тиш ювмоқ

kuua

ўлдирмоқ

moshi

чекмоқ

kutuma

йўлламоқ

bibi
буви

babu
бува

baba
ота

mama
она

mtoto
чақалоқ

binti
қиз

bin
ўғил

mgeni

меҳмон

shangazi

амма

mjomba

тоға

kaka

ака

dada

опа

mwili

тана

paji la uso
пешона
jicho
кўз
bega
елка
kidole
бармоқ
uso
юз
kidevu
ияк
mkono
қўл панжалари
mguu
оёқ
matiti
кўкрак
mkono
қўл

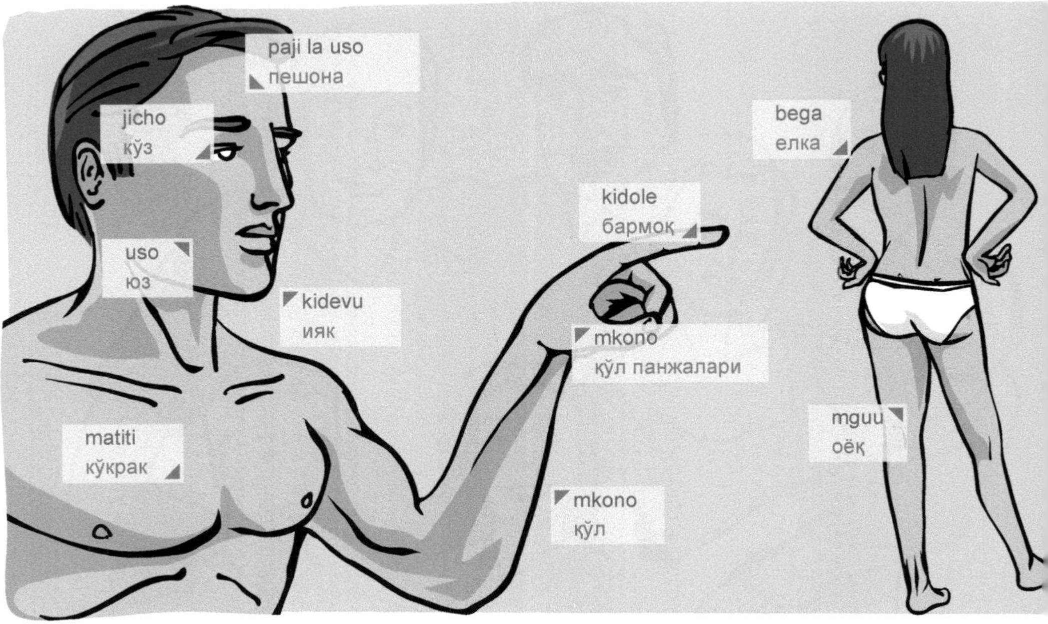

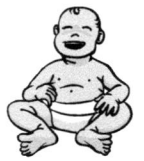

mtoto

чақалоқ

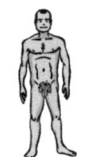

mwanamume

одам

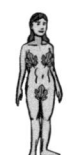

mwanamke

аёл

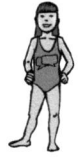

msichana

қиз бола

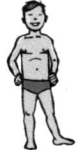

mvulana

ўғил бола

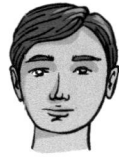

kichwa

бош

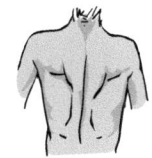

nyuma

орқа

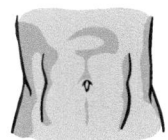

tumbo

қорин

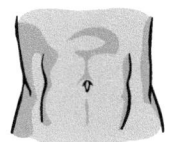

kitovu

киндик

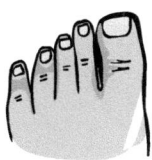

chano

оёқ панжаси

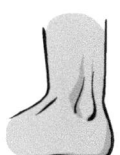

kisigino

товон

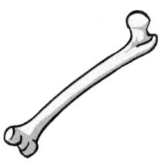

mfupa

суяк

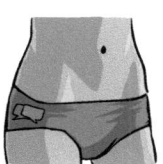

nyonga

бел

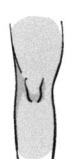

goti

тизза

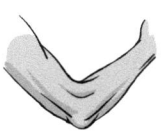

kiwiko

тирсак

pua

бурун

chini

думба

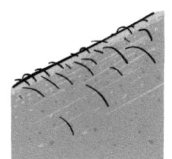

ngozi

тери

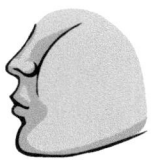

shavu

яноқ

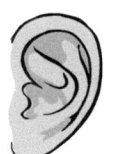

sikio

қулоқ

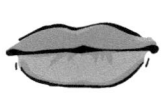

mdomo

лаб

kinywa

оғиз

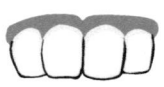

jino

тиш

ulimi

тил

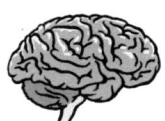

ubongo

мия

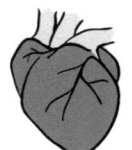

moyo

юрак

misuli

мушак

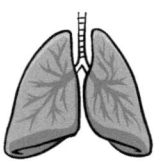

pafu

ўпка

ini

жигар

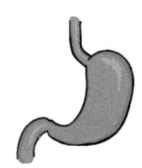

tumbo

ошқозон

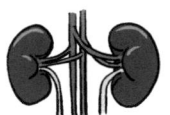

figo

буйрак

jinsia

жинсий алоқа

kondomu

презерватив

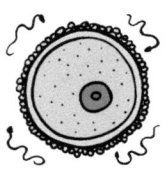

ovari

тухум ҳўжайра

shahawa

уруғ

mimba

ҳомиладорлик

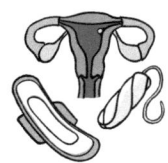

hedhi
ҳайз

uke
бачадон

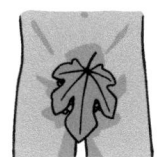

uume
олат

unyusi
қош

nywele
соч

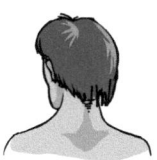

shingo
бўйин

hospitali
шифохона

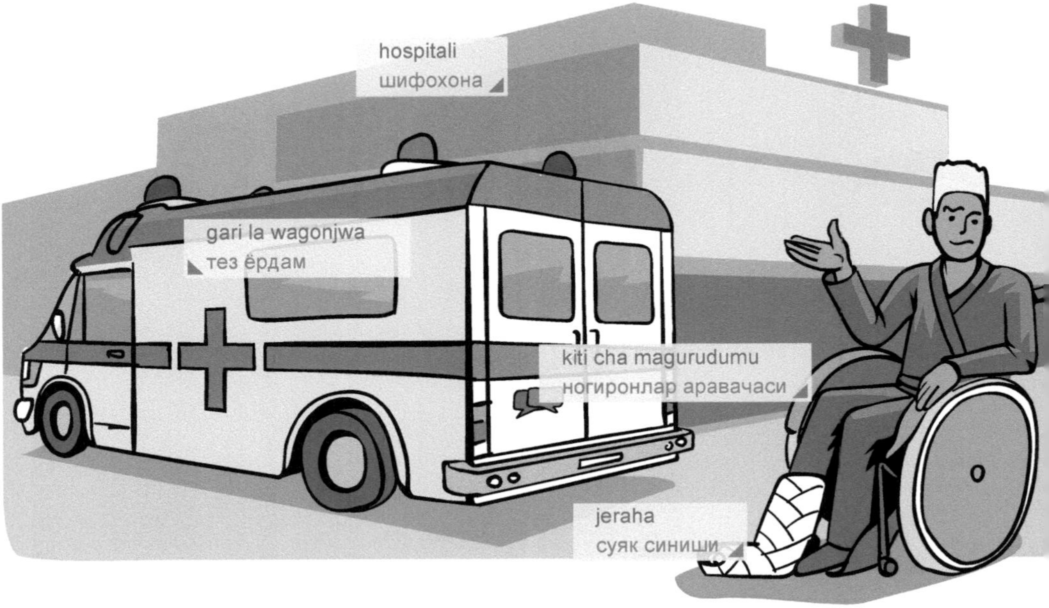

hospitali
шифохона
gari la wagonjwa
тез ёрдам
kiti cha magurudumu
ногиронлар аравачаси
jeraha
суяк синиши

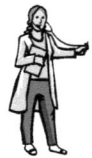

daktari

шифокор

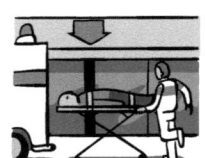

chumba cha dharura

Шошилинч тиббий ёрдам кўрсатиш бўлими

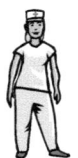

muuguzi

ҳамшира

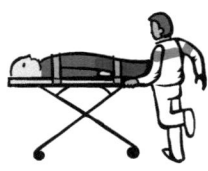

dharura

тез ёрдам

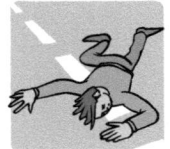

kupoteza fahamu

ҳушсизлик

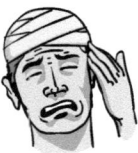

maumivu

оғриқ

kuumia

жароҳат

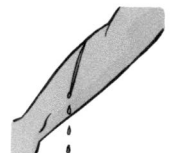

kutokwa na damu

қонаш

mshtuko wa moyo

юрак хуружи

kiharusi

инсульт

mzio

аллергия

kikohozi

йӯтал

homa

иситма

mafua

тумов

kuharisha

ич кетиш

maumivu ya kichwa

бош оғриғи

kansa

саратон касали

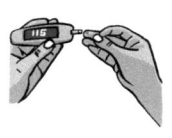

ugonjwa wa kisukari

қандли диабет

daktari mpasuaji

жарроҳ

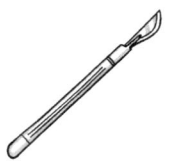

kisu kidogo cha kupasulia

жарроҳ пичоғи

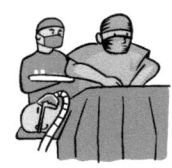

operesheni

жарроҳлик амалиёти

picha changanufu ya mwili

томография

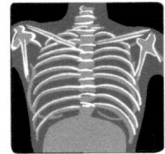

Eksrei

рентген

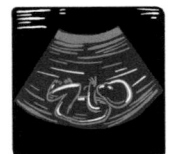

mawimbi sauti

ултратовуш текшируви

barakoa ya uso

юз ниқоби

ugonjwa

касаллик

chumba cha kusubiri

қабулхона

mkongojo

қўлтиқтаёқ

plasta

малҳамли пластир

bendeji

бинт

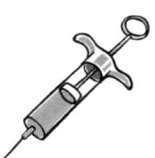

sindano

укол

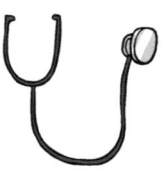

stetoskopu

юрак урушини ва ўпкани
эшитиб кўрадиган асбоб

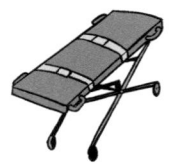

machela

беморлар учун замбил

kipimajoto cha kliniki

термометр

kuzaliwa

туғруқ

unene kupita kiasi

семизлик

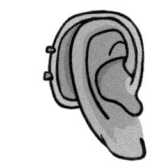

kusikia misaada

эшитиш мосламаси

kipukusi

дезинфекцияловчи восита

maambukizi

инфекция

virusi

вирус

VVU / UKIMWI

ОИВ / ОИТС

dawa

дори

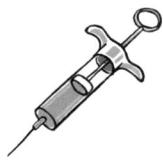

chanjo

эмлаш

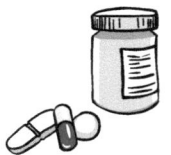

vidonge

таблетка

kidonge

дори

simu ya dharura

тез ёрдам қўнғироғи

haemodainamometa

қон босимини ўлчаш
асбоби

mgonjwa / mwenye afya

касал / соғлом

Msaada!

Ёрдам беринглар!

kengele

хавф-хатар ишораси

pigo

тажовуз

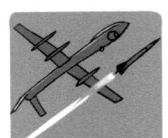

shambulizi

ҳужум

hatari

хавф

lango la dharura

фавкулодда ҳолатларда чиқиш эшиги

Moto!

Ёнғин!

kizima moto

ўт ўчиргич

ajali

фалокат

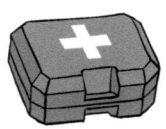

vifaa vya huduma ya kwanza

биринчи тиббий ёрдам тўплами

wito wa msaada

фалокат сигнали

polisi

полиция

Ulaya

Европа

Amerika ya Kaskazini

Шимолий Америка

Amerika ya Kusini

Жанубий Америка

Afrika

Африка

Asia

Осиё

Australia

Австралия

Atlantiki

Атлантик океани

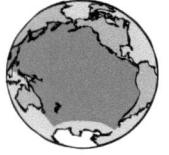

Pasifiki

Тинч океани

Bahari ya Hindi

Ҳинд океани

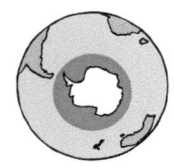

Bahari ya Antaktiki

Антарктида океани

Bahari ya Aktiki

Арктика океани

Ncha ya Kaskazini

Шимолий қутб

Ncha ya Kusini

Жанубий қутб

Antaktika

Антарктика

dunia

Ер

nchi

ўлка

bahari

денгиз

kisiwa

орол

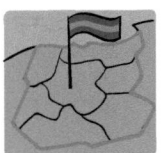

taifa

миллат

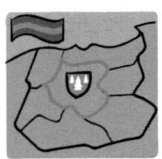

jimbo

давлат

uso wa saa

астрономик вақт кўрсатгичи

akrabu ya saa

соат мили

akrabu ya dakika

дақиқа мили

akrabu ya sekunde

сония мили

Ni saa ngapi?

Соат неча?

siku

кун

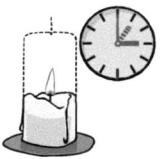

wakati

вақт

sasa

ҳозир

saa ya dijitali

рақамли соат

dakika

дақиқа

saa

соат

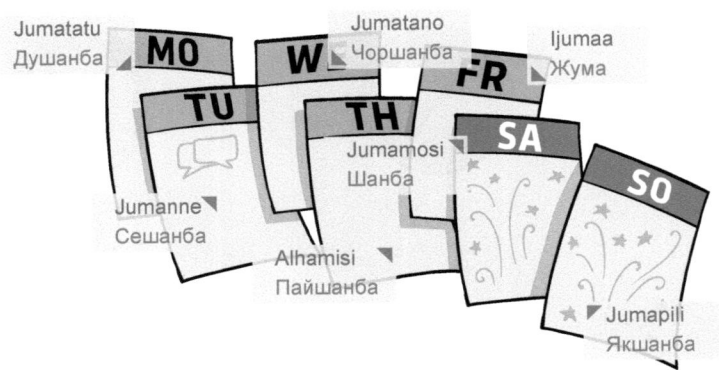

Jumatatu / Душанба
Jumanne / Сешанба
Jumatano / Чоршанба
Alhamisi / Пайшанба
Jumamosi / Шанба
Ijumaa / Жума
Jumapili / Якшанба

jana

кеча

leo

бугун

kesho

эртага

asubuhi

эрталаб

saa sita mchana

пешин

jioni

кечкурун

siku za biashara

иш кунлари

mwishoni mwa wiki

дам олиш кунлари

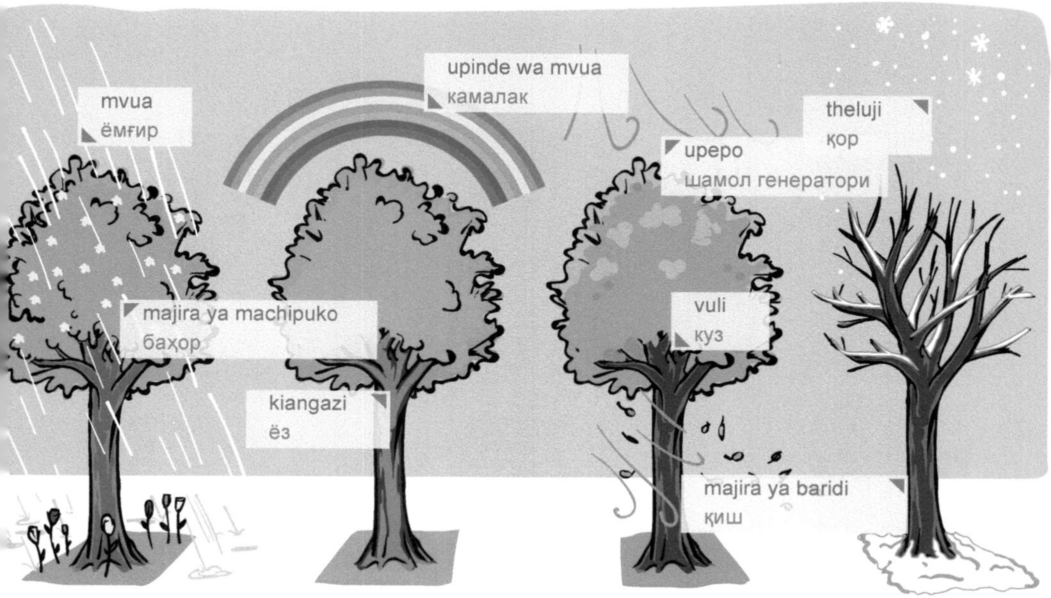

mvua
ёмғир
upinde wa mvua
камалак
theluji
қор
upepo
шамол генератори
majira ya machipuko
баҳор
vuli
куз
kiangazi
ёз
majira ya baridi
қиш

4.APRIL 11°
5.APRIL 4°
6.APRIL 13°
7.APRIL 8°
8.APRIL 10°

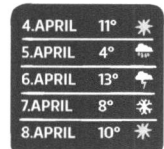

utabiri wa hali ya hewa

об-ҳаво маълумоти

F
C
120
90
60
30
0
-30
40
30
20
10
0
-10
-20

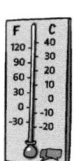

kipimajoto

термометр

mwanga wa jua

қуёшли

wingu

булут

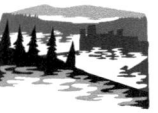

ukungu

туман

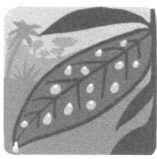

unyevu

намгарчилик

umeme

чақмоқ

radi

момоқалдироқ

dhoruba

бўрон

mvua ya mawe

дўл

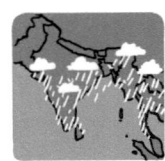

monsuni

намгарчилик мавсуми

mafuriko

тошқин

barafu

муз

Januari

Январь

Februari

Февраль

Machi

Март

Aprili

Апрель

Mei

Май

Juni

Июнь

Julai

Июль

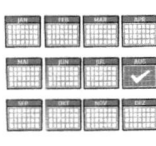

Agosti

Август

Septemba
....
Сентябрь

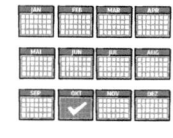

Oktoba
....
Октябрь

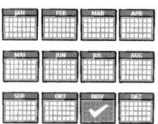

Novemba
....
Ноябрь

Desemba
....
Декабрь

maumbo
шакллар

mduara
....
айлана

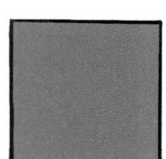

mraba
....
квадрат

mstatili
....
тўртбурчак

pembetatu
....
учбурчак

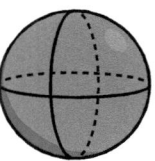

nyanja
....
доира

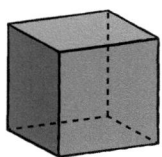

mchemraba
....
куб

nyeupe

оқ

manjano

сариқ

chungwa

сабзи ранг

rangi ya waridi

пушти

nyekundu

қизил

hudhurungi

тўқ қизил

bluu

кўк

kijani

яшил

hanja

жигар ранг

jivujivu

кул ранг

nyeusi

қора

қарама-қарши маъноли сўзлар

mengi / kidogo

кўп / оз

hasira / pole

ғазабли / хотиржам

nzuri / mbaya

гўзал / хунук

mwanzo / mwisho

боши / охири

kubwa / ndogo

катта / кичик

angavu / giza

ёруғ / қоронғу

kaka / dada

ака / сингил

safi / chafu

тоза / ифлос

kamilika / tokamilika

тўлиқ / чала

siku / usiku

кун / тун

wafu / hai

ўлик / тирик

pana / nyembamba

кенг / тор

kulika / kutolika

еса бўладиган / еса бўлмайдиган

ovu / ema

ёвуз / хайрли

sisimkwa / udhika

ҳаяжонли / зерикарли

nene / nyembamba

семиз / озғин

kwanza / mwisho

биринчи / охирги

rafiki / adui

дўст / душман

jaa / tupu

тўла / бўш

ngumu / laini

қаттиқ / юмшоқ

nzito / nyepesi

оғир / енгил

njaa / kiu

очлик / чанқов

mgonjwa / mwenye afya

касал / соғлом

haramu / kisheria

ноқонуний / қонуний

akili / kijinga

зиёли / калтафаҳм

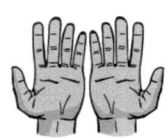

kushoto / kulia

чап / ўнг

karibu / mbali

яқин / узоқ

mpya / kutumika

янги / ишлатилган

kitu / jambo

ҳеч нарса / бир нарса

zee / changa

қари / ёш

waka / zima

ёниқ / ўчиқ

wazi / fungwa

очиқ / ёпиқ

utulivu / kelele

паст / баланд

tajiri / masikini

бой / камбағал

sahihi / kosa

тўғри / нотўғри

mbaya / laini

нотекис / текис

huzunika / furahia

хафа / хурсанд

fupi /ndefu

қисқа / узун

polepole / haraka

секин / тез

nyevu / kavu

нам / қуруқ

joto / baridi

илиқ / салқин

vita / amani

уруш / тинчлик

0

sufuri

ноль

1

moja

бир

2

mbili

икки

3

tatu

уч

4

nne

тўрт

5

tano

беш

6

sita

олти

7

saba

етти

8

nane

саккиз

9

tisa

тўққиз

10

kumi

ўн

11

kumi na moja

ўн бир

12
kumi na mbili

ўн икки

13
kumi na tatu

ўн уч

14
kumi na nne

ўн тўрт

15
kumi na tano

ўн беш

16
kumi na sita

ўн олти

17
kumi na saba

ўн етти

18
kumi na nane

ўн саккиз

19
kumi na tisa

ўн тўққиз

20
ishirini

йигирма

100
mia

юз

1.000
elfu

минг

1.000.000
milioni

миллион

Kiingereza

Инглиз

Kiingereza cha Marekani

Америкача инглиз тили

Kimandarini cha Uchina

Хитой тилининг Мандарин лаҳчаси

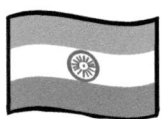

Kihindi

Ҳинд

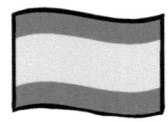

Kihispania

Испан

Kifaransa

Француз

Kiarabu

Араб

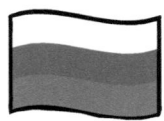

Kirusi

Рус

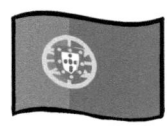

Kireno

Португал

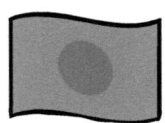

Kibengali

Бенгал

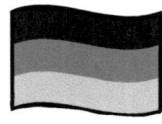

Kijerumani

Немис

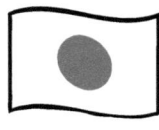

Kijapani

Япон

mimi

Мен

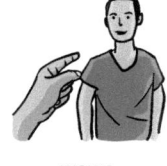

wewe

Сен

yeye / yeye / ni

у / у / у

sisi

биз

wewe

сизлар

wao

улар

nani?

ким?

nini?

нима?

jinsi gani?

қандай?

wapi?

қаерда?

lini?

қачон?

jina

исм

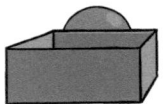

nyuma

орқада

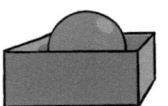

katika

ичида

mbele ya

олдида

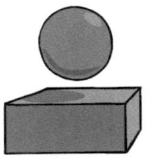

juu ya

узра

kwenye

устида

chini ya

тагида

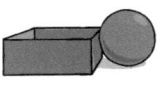

kando

ёнида

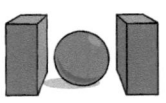

kati

ўртасида

mahali

жой